AF356478

CATALOGUE

DE

VINGT AQUARELLES

PEINTES

PAR POLLET

DONT LA VENTE AURA LIEU

HOTEL DROUOT, Salle N° 8

Le Mercredi 7 Avril 1869

A TROIS HEURES PRÉCISES.

Mᵉ CHARLES PILLET, COMMISSAIRE-PRISEUR
Rue Grange-Batelière, 10

M. FRANCIS PETIT, Expert, rue Saint-Georges, 7.

EXPOSITION PUBLIQUE

Le Mardi 6 avril 1869, de une heure à cinq heures et demie.

CATALOGUE

DE

VINGT AQUARELLES

PEIN ES

PAR POLLET

DONT LA VENTE AURA LIEU

HOTEL DROUOT, Salle N° 8

Le Mercredi 7 Avril 1869

A TROIS HEURES PRÉCISES.

Mᵉ CHARLES PILLET, COMMISSAIRE-PRISEUR
Rue Grange-Batelière, 10

M. FRANCIS PETIT, Expert, rue Saint-Georges, 7.

EXPOSITION PUBLIQUE
Le Mardi 6 avril 1869, de une heure à cinq heures et demie.

Paris. — Imp, de PTILLET fils ainé, rue des Grands-Augustins, 5.

DÉSIGNATION

N° 1

LA PARESSEUSE

Haut., 15 cent.; larg., 25 cent

N° 2

MADELEINE

Haut., 24 cent.; larg., 29 cent.

N° 3

ÈVE

Haut., 34 cent.; larg., 21 cent

———

N° 4

L'INNOCENCE

Haut., 29 cent.; larg., 35 cent.

N° 5

SANS DOT

Composition de trois figures.

Haut., 36 cent.; larg., 25 cent.

N° 6

LA LISEUSE

Haut., 20 cent.; larg., 24 cent.

N° 7

SOMMEIL INTERROMPU

Haut., 17 cent.; larg., 27 cent.

N° 8

SOUS LA FEUILLÉE

Haut., 35 cent.; larg., 27 cent.

N° 9

LA PERRUCHE

Haut., 33 cent.; larg., 25 cent.

———

N° 10

LA SIESTE

Haut., 3o cent.; larg., 21 cent.

———

N° 11

LE BAIN

Haut.. 4o cent.; larg., 25 cent.

———

N° 12

BACCHANTE BLESSÉE

Haut., 34 cent.; larg. 23 cent.

———

N° 13

BACCHANTE ENDORMIE

Haut., 25 cent.; larg., 43 cent.

N° 14

UNE DANAÏDE

Étude pour la composition portant le n° 15

Haut., 38 cent.; larg., 21 cent.

N° 15

LES DANAÏDES

Composition capitale.

Haut., 62 cent.; larg , 47 cent.

N° 16

LA VÉNUS ANADIOMÈDE

(D'APRÈS INGRES)

Haut., 29 cent.: larg., 18 cent.

N° 17

LA VÉNUS ANADIOMÈDE

(D'APRÈS INGRES)

Répétition du numéro précédent.

Haut., 19 cent.; larg., 11 cent.

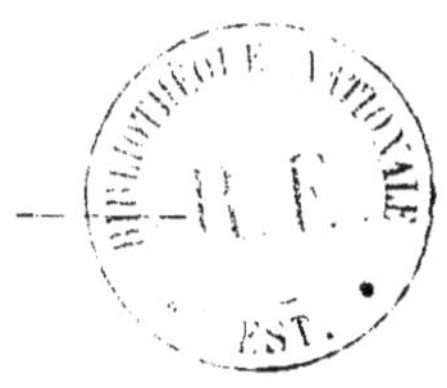

N° 18

BAIGNEUSE

(ÉTUDE D'APRÈS MILLET)

Haut., 24 cent.; larg., 15 cent.

N° 19

LA VILLA D'EST

Haut., 35 cent.; larg., 27 cent.

—————

N° 20

CONCERT CHAMPÊTRE

(DESSIN AU CRAYON, D'APRÈS GIORGIONE)

Haut., 28 cent.; larg., 25 cent.

www.ingramcontent.com/pod-product-compliance
Lightning Source LLC
LaVergne TN
LVHW010907180726
843502LV00010B/4007